101
preguntas y curiosidades sobre
ciencia

Soledad Gopar

Ilustraciones de
Elizabeth Mallet

el gato de hojalata

Dirección editorial:
María José Pingray

Edición:
Soledad Gopar

Diseño:
Soledad Calvo

Ilustraciones:
Elizabeth Mallet

Corrección:
Pamela Pulcinella

Producción industrial:
Aníbal Álvarez Etinger

101 preguntas y curiosidades sobre ciencia / coordinación general de María José Pingray ; editado por Soledad Gopar. - 1a ed. - Ciudad Autónoma de Buenos Aires : El Gato de Hojalata, 2021.
64 p. ; 17 x 24 cm.

ISBN 978-987-797-689-2

1. Libro de Entretenimientos. I. Pingray, María José, coord. II. Gopar, Soledad, ed.
CDD 793.21

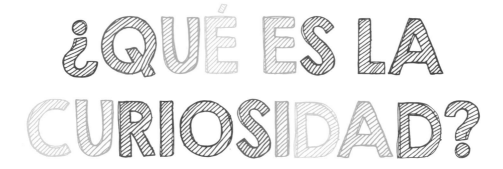

¿QUÉ ES LA CURIOSIDAD?

Es volver a mirar eso que nos llama la atención y no dar nada por hecho. La curiosidad nos permite conocer el mundo que nos rodea como si lo viéramos por primera vez; mirar con lupa, indagar, preguntar, comparar y comprobar que todo es más extraordinario de lo que parece *a primera vista*.

En este libro, hemos investigado el mundo de la ciencia a través de los cuatro elementos (tierra, agua, aire y fuego) e incluso de nuestro propio cuerpo para recoger tantas preguntas ingeniosas como pudimos.

Acompáñanos en nuestra expedición por un mundo de preguntas con respuestas que te asombrarán y que podrás compartir con tus amigos y tu familia.

¡Sé un observador científico, un experto en curiosidades!

En las últimas páginas encontrarás un cuestionario que podrás resolver con todos los datos sorprendentes que has descubierto.
¡Tú eres el experto!
Obtén tu diploma de EXPERTO EN CURIOSIDADES SOBRE CIENCIA.

ÍNDICE

tierra

agua

aire

1 ¿CUÁNTOS AÑOS VIVE UN ÁRBOL?

¡La mayoría de los árboles vive entre 100 y 200 años! Sin embargo, algunas especies, como las majestuosas secuoyas, tienen... ¡más de 4500 años! Se encuentran entre los seres vivos más viejos de la Tierra.

2 SABÍAS QUE...

Los árboles producen madera nueva todos los años y dejan un anillo revelador en su tronco. La cantidad de anillos puede indicar... ¡la edad del árbol!

3 SABÍAS QUE...

En un año, un bosque de 400 árboles produce suficiente oxígeno como para que respiren, por lo menos, 20 seres humanos. ¡Los árboles son los pulmones del mundo!

4 ¿POR QUÉ LOS ÁRBOLES TIENEN HOJAS?

Los árboles necesitan hojas para vivir. Estas tienen una materia de color verde, llamada *clorofila* que, con el agua, la luz y el dióxido de carbono del aire, produce el alimento para la planta. Este alimento se distribuye por todo el árbol y es transportado por un «jugo» o líquido que circula por sus vasos, llamado *savia*.

5 ¿POR QUÉ TIENEN FLORES ALGUNAS PLANTAS?

Muchas plantas tienen flores coloridas y perfumadas para atraer a los insectos y a otros animales. Cuando estos se alimentan del dulce néctar de la flor (un jugo azucarado), recogen un fino polvo amarillo llamado *polen*, que llevan a otra flor. Cuando el polen se transmite a la segunda flor, permite que se formen nuevas semillas. Este proceso se llama *polinización*.

6 SABÍAS QUE...

Muchos árboles y pastos desparraman su polen en el viento. No necesitan visitantes insectos o animales, por lo que no tienen flores brillantes.

7

¿CÓMO SOBREVIVEN LAS PLANTAS EN EL DESIERTO?

Todos los seres vivos necesitan agua para subsistir. Las plantas del desierto beben agua de sus largas raíces, que se hunden profundamente en el suelo. Algunas de ellas usan sus hojas para almacenar agua hasta que la necesitan. Los cactus, por ejemplo, la guardan en sus gruesos tallos jugosos.

8

SABÍAS QUE...

El desierto de Atacama, en Chile, es uno de los lugares más secos del planeta. Sin embargo, las fuertes lluvias provocan una explosión de color en forma de ¡flores! Viven más de 200 especies que aguardan la lluvia para florecer. A este fenómeno se lo llama *desierto florido*.

tierra

9 SABÍAS QUE...

Se llama *avalancha* cuando la nieve se desprende de una montaña y se estrella colina abajo (como vidrios rotos). Estas enormes masas de nieve en movimiento pueden alcanzar una velocidad de 130 kilómetros por hora en unos... ¡5 segundos!

10 ¿QUÉ HACE DESLIZAR LA TIERRA?

Los deslizamientos tienen lugar cuando tierra y rocas se deslizan muy rápido por una ladera. Pueden ocurrir debido a pesadas lluvias, que debilitan la ladera. A veces esos deslizamientos son pequeños, pero otras pueden ser enormes y afectar todo un lado de la montaña.

¿CÓMO SE TREPAN LAS MONTAÑAS?

Los escaladores usan un equipo especial para poder adherirse a las rocas y protegerse de las caídas. Las cuerdas son su línea vital: un extremo les rodea la cintura y el otro se engancha en púas de metal llamadas *pitones*. El escalador los martilla en la roca cuando sube.

12 SABÍAS QUE...

La primera mujer en escalar el Everest fue la japonesa Junko Tabei, el 16 de mayo de 1975. En el año 2000, Junko cursó un posgrado en Ciencias Ambientales. También fundó el Himalayan Head Trust of Japan, una organización que trabaja en todo el mundo para preservar los entornos de montaña. En agradecimiento a sus logros, en el año 2019 se bautizó una cadena montañosa con su nombre, que fue descubierta... ¡en Plutón!

13 ¿CÓMO SE MIDEN LOS TERREMOTOS?

Para medir las vibraciones en un terremoto se usa un instrumento llamado *sismógrafo*. Un punzón registra las vibraciones en un papel ubicado alrededor de un tambor giratorio. El punzón está fijo a un peso y se queda quieto durante el temblor, mientras el tambor se sacude. ¿Sabes qué significa la palabra *terremoto*? ¡Tierra y movimiento, es decir, sacudidas de la corteza y manto terrestres!

14 SABÍAS QUE...

Se usan rayos láser para medir los movimientos del suelo y advertir cuándo se acerca un terremoto.

15 ¿CÓMO SE FORMAN LAS CUEVAS?

Las olas del océano arrojan arena y rocas contra los acantilados. Esta acción del mar gasta lentamente la roca. Las olas cavan un agujero cada vez más hondo. Tras mucho tiempo, el agujero se vuelve una cueva oscura y húmeda. En Vietnam, hay una jungla dentro de una cueva. Esta es... ¡la cueva más grande del mundo! Se llama Hang Son Doong y está escondida en el escarpado Parque Nacional Phong Nha-Ke Bang. En este lugar podría entrar un rascacielos, y el final de la cueva... ¡no se ve!

16 SABÍAS QUE...

Los piratas hacían señales a los otros barcos para que chocaran contra las rocas. Robaban todo lo que había a bordo y lo escondían en las cuevas. ¡Cuidado, piratas a la vista!

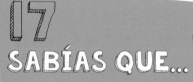

17 SABÍAS QUE...

Las estalactitas nunca son tan grandes como las estalagmitas porque, si lo fueran, serían demasiado pesadas y se estrellarían contra el suelo.

18 ¿QUÉ SON LAS ESTALACTITAS Y ESTALAGMITAS?

Son espectaculares y fuertes estructuras que a veces se forman en las cuevas de caliza (roca formada de carbonato de cal). Tienen forma de zanahoria, pero mientras las estalactitas se forman desde el «techo» de la cueva, las estalagmitas lo hacen desde el suelo, hacia arriba. En las cuevas kársticas de Eslovenia, la estalagmita más llamativa se llama Brillante: ¡tiene 5 metros de alto y es blanca como la nieve!

19 SABÍAS QUE... ?!

Los túneles no son solo para automóviles y trenes grandes. Por los más pequeños pasan cables de electricidad, gas, agua y caños cloacales.

20 ¿CÓMO HACER UN TÚNEL EN LA ROCA?

Ni la perforadora más potente puede traspasar la roca más dura. Los constructores de túneles tienen que usar explosivos para atravesar las rocas. El túnel de los Alpes es el más largo y profundo... ¡del mundo! Durante aproximadamente 9 años, un inmenso equipo de operarios y especialistas trabajó sin descanso en el duro corazón granítico del macizo de San Gotardo. En algunos tramos se usaron explosivos... ¡un gran trabajo de ingeniería!

21

¿POR QUÉ ES SALADO EL MAR?

¡El agua del mar es salada porque tiene sal! (la misma sal que utilizamos para condimentar los alimentos). La mayor parte proviene de rocas terrestres. La lluvia arrastra la sal a los ríos, que la llevan hasta el mar.

22

SABÍAS QUE...

El 97% del agua de nuestro planeta es salada. El 3% restante es dulce, y la beben humanos y animales.

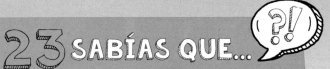
En 1960, el submarino nuclear estadounidense Tritón fue el primer vehículo en viajar alrededor del mundo... ¡por debajo del agua!

24

¿CUÁNTO SE TARDA EN NAVEGAR ALREDEDOR DEL MUNDO?

En el marco del centenario por el fallecimiento del escritor Julio Verne, el marino francés Bruno Peyron aceptó el desafío de recorrer el mundo en homenaje a la famosa novela *La vuelta al mundo en 80 días*. Junto a sus 13 tripulantes a bordo del catamarán gigante Orange II, Bruno navegó en barco sin detenerse durante 50 días, 16 horas y 20 minutos. ¡Este récord lo lograron en marzo de 2005! ¡Toda una aventura!

25

¿POR QUÉ LAS MONTAÑAS TIENEN NIEVE EN LA CIMA?

Solo las montañas más altas tienen nieve en su cima. Cuanto más subes, más frío hace, por eso, el agua se enfría tanto que se congela y se convierte en nieve o hielo.

26 SABÍAS QUE... ?!

En otros planetas hay montañas más altas que en la Tierra. El monte Olimpo, en Marte, ¡es tres veces más alto que el Everest!, la montaña más alta de nuestro planeta.

SABÍAS QUE...

Algunos volcanes se encuentran en erupción constantemente. El Kilauea, en Hawái, lo estuvo desde 1983, y arrojaba 5 metros cúbicos de lava... ¡por segundo!

28

¿CÓMO ALCANZAN LAS OLAS LA ALTURA DE UNA CASA?

Los terremotos (sacudida muy brusca de la corteza y manto terrestres) y las erupciones volcánicas (explosivas, que arrojan lava, rocas y ceniza al aire) pueden producir olas enormes en el mar. Un tsunami es una ola gigantesca causada por un maremoto o una erupción volcánica en el fondo del mar, que puede alcanzar hasta unos... ¡800 kilómetros por hora!

29 ¿POR QUÉ LOS BUZOS NECESITAN LUZ?

La luz solar solo penetra 200 metros por debajo de la superficie del océano. Esta «zona iluminada» es donde viven todas las plantas y casi todos los animales marinos. A partir de los 1000 metros, está... ¡totalmente oscuro!

30 SABÍAS QUE... ⁈

Una delgada capa de agua queda entre el traje del buzo y su cuerpo. El cuerpo la calienta y el traje (de una goma especial) impide que el calor escape.

31

¿CÓMO SE HUNDEN LOS SUBMARINOS?

Se sumergen haciéndose demasiado pesados para flotar. El agua ingresa en tanques especiales, que hunden al submarino. Cuando debe volver a la superficie, se bombea el agua hacia afuera. Uno de los primeros submarinos fue construido por el inventor holandés Cornelius Drebbel, en 1621. Doce remeros llevaron un barco de madera bajo la superficie del Támesis, en Inglaterra.

32

SABÍAS QUE...

Veinte mil leguas de viaje submarino es una novela de Julio Verne, publicada entre 1869 y 1870. La historia comienza contando la confusión que hay entre los hombres de mar: han visto cerca del puerto (o mientras navegaban) un objeto alargado, fosforescente en ocasiones, más grande y rápido que una ballena. ¿Un monstruo marino? No, es el Nautilus, ¡el submarino del capitán Nemo!

100 KG

33 SABÍAS QUE...

Se cree que el moderno salvavidas fue inventado por un hombre identificado como capitán Ward, de Reino Unido, que diseñó un traje de corcho en 1854 para llevar a bordo de los botes salvavidas.

34 ¿POR QUÉ FLOTAN LOS BARCOS?

Cuando un objeto se sumerge en el agua, una parte del líquido es desplazado, «se aparta». Aunque los barcos son muy pesados, son huecos y tienen espacios con aire en su interior. Penetran en el agua y empujan mucha de ella hacia los costados. Un barco no se hunde, a menos que esté sobrecargado y su densidad sea mayor que el agua que aparta.

35 ¿POR QUÉ ME AYUDAN A NADAR LOS FLOTADORES?

Cuando inflas los flotadores, les estás
poniendo aire en su interior.
Ese aire es mucho más liviano
que el agua, por eso
te ayuda a flotar.

36 SABÍAS QUE...

Es más fácil flotar en agua salada que en agua dulce. El
mar Muerto, en Medio Oriente, es el mar más salado del
mundo: ¡en él, los nadadores no se hunden, aunque no
lleven flotadores!

37 ¿QUÉ ES UN ESPIRÁCULO?

Cuando el agua sube con la alta marea, las olas entran en cuevas y golpean contra sus «techos». La potencia de la ola es tal que puede hacer una grieta o agujero. Eso es un espiráculo o géiser marino. Cuando vuelven a entrar olas en la cueva, el agua estalla en una descarga de alta presión que sale por este agujero en forma de un fuerte y elevado rocío.

38 SABÍAS QUE... ?!

Se considera que el espiráculo Kiama, en Nuevo Gales del Sur, Australia, es el más grande del mundo. ¡Un atractivo espectáculo de agua!

39

¿POR QUÉ HACE BURBUJAS EL JABÓN?

Si agregas jabón al agua, su superficie se hace más elástica. Se estira lo suficiente como para que le soples aire dentro. ¡Es similar a inflar un globo muy delicado!

40

SABÍAS QUE...

Debido a la capacidad «elástica» del agua, hay pequeños animales o insectos que pueden caminar sobre ella sin hundirse. La araña balsa, por ejemplo, puede mantenerse sobre la superficie del agua sin problemas. Pero la lagartija Jesucristo es la más curiosa: ¡corre tan rápido que puede cruzar ríos y lagos sin hundirse!

41 SABÍAS QUE...

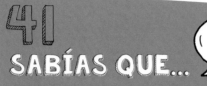

La atmósfera contiene un gas muy importante llamado *oxígeno*. Todos los seres vivos necesitan de él. ¡Los humanos no somos la excepción!

42 ¿CÓMO ESTÁ FORMADO EL CIELO?

El cielo es una capa invisible que rodea la Tierra. Esta capa se llama *atmósfera* y se extiende unos 500 kilómetros en el espacio.

43 ¿QUÉ SON LAS NUBES?

Son millones de gotitas de agua y cristales de hielo lo bastante livianos para flotar. Las nubes se forman cuando el aire caliente sube y el vapor de agua del aire pasa de un estado gaseoso a líquido. Cuando millones de esas gotitas se juntan, forman una nube. Conocer los distintos tipos de nubes ayuda a predecir situaciones de tiempo estable, desarrollos bruscos de tormentas o fuertes vientos en la atmósfera. ¡Mira el cielo para saber cómo estará el clima hoy!

44 SABÍAS QUE... ?!

Las nubes más grandes y famosas son los cumulonimbos: alcanzan 9,7 kilómetros de altura y contienen hasta medio millón de toneladas de agua. Se las asocia a tormentas eléctricas, granizo, viento y fuertes lluvias. Se las puede ver a cientos de kilómetros y tienen una particular forma de... ¡yunque!

45 ¿POR QUÉ FLOTAN LOS GLOBOS AEROSTÁTICOS?

El aire en el interior de estos globos se calienta con un quemador. Cuando el aire aumenta de temperatura, comienza a subir porque es más liviano que el aire frío. ¡Si el aire caliente sube, el globo, también!

46 SABÍAS QUE... ?!

Los primeros pasajeros de globo aerostático fueron ¡un gallo, un pato y una oveja! Su vuelo de 8 minutos transcurrió sobre París, Francia, en 1783.

47

¿CÓMO TE PUEDES DESLIZAR SOBRE EL AIRE?

¡En un aerodeslizador, conocido también como *hovercraft*! Este vehículo fue diseñado por el inventor británico Sir Christopher Cockerell. Descubrió que atrapar un «cojín» de aire debajo de un barco lo alza sobre las olas, permitiéndole andar más rápido. Este vehículo es propulsado por ¡hélices aéreas!, tanto sobre tierra firme como en el mar.

48 SABÍAS QUE...

En 1959, el primer modelo del aerodeslizador de Cockerell, el SR-N2, cruzó el Canal de la Mancha en... ¡20 minutos! Desde ese momento, se ha convertido en uno de los transportes favoritos de franceses y británicos para atravesar este canal.

49 ¿QUÉ ES EL TRUENO?

El trueno es un sonido producido por el rayo. Las chispas del rayo son muy calientes. Cuando atraviesan el cielo, calientan el aire tan velozmente que este se expande muy rápido. Esa expansión causa el ruido que conocemos al oírlo tronar.

50 SABÍAS QUE...

Las nubes de truenos más grandes tienen 18 kilómetros de altura. ¡Casi el doble del Everest, la cumbre más alta del planeta!

51 ¿QUÉ ES EL RAYO?

En una nube de tormenta, los pedacitos de hielo chocan entre sí al moverse en el aire. Todos estos choques crean una enorme carga de electricidad, que se libera en brillantes rayos. Un dato curioso del rayo es que es tan caliente que puede derretir la arena. Cuando esta se enfría, se puede observar una brillante escultura de su trayecto resplandeciente.

52 SABÍAS QUE... ?!

Los cazadores de tormentas son meteorólogos o aficionados que se dedican a perseguir y documentar extrañas formaciones de nubes durante una tormenta, impresionantes rayos e incluso ¡tornados!

53 SABÍAS QUE... ?!

Como el aire es invisible, no puedes ver el viento. Pero lo puedes sentir en la cara y ver cómo sacude las copas de los árboles.

54 ¿POR QUÉ SOPLA EL VIENTO?

Cuando sientes que el viento sopla, es porque el aire está en movimiento. Cuando el aire es cálido, se hace más liviano y se eleva. Entonces, el aire fresco se apresura a tomar su lugar, creando una brisa.

56

SABÍAS QUE...

Los huracanes soplan a más de 117 kilómetros por hora. Se inician en mares tropicales y cálidos, y traen lluvia torrencial y fuertes vientos.

55

¿QUÉ VIENTO PUEDE HUNDIR UN BARCO?

Los huracanes son peligrosos no solo en tierra firme, también hacen destrozos en el mar. Estos son vientos furiosos y temibles que, como un torbellino, giran en grandes círculos, y su diámetro crece... ¡a medida que avanzan! Pueden levantar paredes de agua de hasta 30 metros. Cuando rompe una ola de este tamaño puede hundir un barco en minutos.

57 ¿POR QUÉ OSCILAN LOS PUENTES?

Los puentes pueden doblarse y oscilar hasta 2 o 3 metros. Si fueran completamente rígidos, un viento muy fuerte podría quebrarlos. También hay impresionantes puentes peatonales, es decir, que pueden recorrerse a pie: ¡el puente 516 Arouca es una pasarela de 516 metros hecha de un metal muy ligero que cuelga sobre un barranco y que deja ver, 175 metros más abajo, el río Paiva, en Arouca, Portugal!

58 SABÍAS QUE...

Si un ejército de hormigas tiene que cruzar brechas (una abertura o agujero en el terreno), algunas de ellas se unen y forman un puente para que las otras pasen por encima.

59 SABÍAS QUE...

Se puede generar energía a través del viento y se la conoce como *energía eólica*. Proviene de grandes turbinas (¡pueden ser tan altas como un edificio de 20 pisos!), que son como gigantescas hélices de aeroplanos sobre un palo. El viento hace girar las aspas de las turbinas (¡de 60 metros de largo!) que, a su vez, hacen girar un eje conectado a un generador. ¿Y sabes qué produce? ¡Electricidad!

60 ¿POR QUÉ TIENEN ARENA LOS DESIERTOS?

Cuando el viento aúlla sobre la tierra, choca con grandes rocas y las desgasta. Lentamente, las rocas se parten en piedras y guijarros que, con el tiempo, se deshacen en... ¡granos de arena! Los fuertes vientos del desierto a veces levantan enormes nubes de arena. Esas nubes tienen tanta fuerza, que pueden arrancarle la pintura a un automóvil.

61 SABÍAS QUE... ⁉️

¡La Tierra es el único planeta del sistema solar en el que puede producirse el fenómeno del fuego! Esto sucede porque hay una gran cantidad de oxígeno, que es uno de los componentes principales del fuego.

62 ¿QUÉ ES EL FUEGO?

El fuego se produce gracias a una combinación de elementos que crean una combustión, es decir, una reacción química entre el oxígeno y un material oxidable. Este fenómeno produce también un desprendimiento de energía, que habitualmente se manifiesta por incandescencia o llama.

63

SABÍAS QUE... ?!

La enorme cantidad de calor liberado provoca que la temperatura de los gases que se producen en la combustión sea muy elevada y que estos se expandan, ocupen mayor volumen y se vuelvan menos densos, lo que hace que se eleven en la atmósfera. ¡Este es el motivo por el cual la llama siempre se extiende hacia arriba!

64 ¿POR QUÉ EL FUEGO ES CALIENTE?

Sabemos ya que el fuego es una reacción química. Esta combustión es una reacción exotérmica, que quiere decir que la cantidad de calor liberada es superior a la energía que se absorbe. Esa reacción libera... ¡mucha energía!

fuego

65 ¿QUIÉN INVENTÓ LAS CERILLAS?

Las cerillas que usaban en China en el siglo VI eran una simple varilla con azufre. Pero no fue hasta el año 1826, después de varios experimentos de prueba y error, que se llegó a inventar la cerilla tal como la conocemos hoy en día: varilla de madera con cabeza de fósforo. El químico y farmacéutico inglés John Walker inventó la cerilla de fricción, que descubrió... ¡por accidente!

66 SABÍAS QUE...

Por desgracia, John Walker olvidó registrar su invento. Un hombre llamado Samuel Jones, que asistía a las demostraciones de las cerillas, patentó el invento en su lugar y comenzó a venderlas, con el nombre de *lucíferas*. Un buen consejo: ¡nunca olvides patentar tu invento!

67 SABÍAS QUE...

El uso de la estufa de gas se hizo general hace apenas unos 150 años. Antes, cada hogar tenía una chimenea y las familias debían mantener encendido el fuego de la cocina.

68 ¿CÓMO LLEGAMOS A COCINAR CON FUEGO?

Durante la mayor parte de la historia de la humanidad, la fogata (un fuego que levanta mucha llama) fue el único medio para cocinar la comida. Hace unos 2 millones de años, los seres humanos comenzaron a cocinar con fuego: los científicos creen que nuestros antepasados lanzaban a las llamas de la fogata un alimento crudo para verlo chisporrotear.

69 ¿QUÉ ES LA LAVA VOLCÁNICA?

La lava es roca fundida de un volcán que llega a la superficie de la Tierra, pero la roca líquida debajo de la superficie de la Tierra se llama *magma*. El flujo de lava puede crear ríos ardientes, lagos de fuego, fuentes, remolinos o burbujas de lava hirviendo. Es muy difícil poder fotografiar este impresionante fenómeno de lava ardiente, ya que algunas cámaras e incluso *drones*... ¡se derriten por el calor!

70 SABÍAS QUE...

Los científicos miden la explosividad relativa de las erupciones volcánicas mediante el Volcanic Explosivity Index (VEI), diseñado en 1982. En una escala de 0 a 8, cada cifra representa un aumento de 10 veces el poder explosivo. Pueden calcular el volumen (cantidad) de material que arroja el volcán, la altura de la nube durante la erupción y la duración en horas.

71 SABÍAS QUE...

Los científicos que estudian volcanes se llaman *vulcanólogos* por Vulcano, el dios romano del fuego. También, por supuesto, les dio nombre a los volcanes.

72 ¿POR QUÉ HACEN ERUPCIÓN LOS VOLCANES?

En su interior, un volcán activo presenta una amplia cámara. Allí se acumulan piedras sueltas y gases calientes hasta que, bajo enorme presión, estallan hacia arriba a través de grietas de la corteza terrestre. ¡Es una explosión que libera lava, rocas y ceniza al aire!

73 ¿QUÉ ES EL «ANILLO DE FUEGO»?

Aproximadamente, el 75% de los volcanes activos ubicados sobre el nivel del mar (de todo el mundo) rodean el océano Pacífico, formando el famoso Anillo de fuego (también conocido como Cinturón de fuego). Esta región «palpitante» se extiende desde Nueva Zelanda hasta la costa de Sudamérica y tiene unos... ¡40 000 kilómetros de largo!

74 SABÍAS QUE...

Los especialistas observan cada vez más la actividad de los volcanes en todo el mundo, especialmente de los volcanes históricos. Este control podría aportar la información necesaria para conocer patrones y factores desencadenantes con el objetivo de advertir a las poblaciones cercanas.

75

¿QUÉ ES UN INCENDIO FORESTAL?

Es un incendio que escapa del control humano, alimentado por el clima, el viento y la maleza. Los incendios forestales pueden quemar hasta 3,6 millones de hectáreas de tierra y consumir todo lo que encuentran en su camino en cuestión de... ¡minutos! Se mueven a grandes velocidades (¡hasta 23 kilómetros por hora!).

76

SABÍAS QUE...

Deben darse tres condiciones para que un incendio forestal aumente o se extienda, algo que los bomberos llaman el «triángulo de fuego»: combustible (material que se encienda con facilidad, como los árboles, la hierba seca, etc.), oxígeno (el aire) y una fuente de calor (los rayos, los vientos cálidos e incluso el sol). Pero además... ¡una fogata o la colilla de un cigarro mal apagado pueden provocar un desastre forestal!

77

¿CUÁNTA TEMPERATURA SOPORTAN LOS TRAJES IGNÍFUGOS?

Los trajes ignífugos son prendas que no se inflaman ni propagan la llama o el fuego, es decir, diseñados para proteger a las personas de un breve contacto con las llamas y de, al menos, un tipo de calor. Los trajes usados en la lucha contra el fuego y en accidentes aéreos soportan hasta 260 °C, mientras los trajes de los astronautas protegen en condiciones de temperaturas extremas: ¡del intenso frío espacial (-270 °C) y del calor de la reentrada en la atmósfera terrestre (1260 °C)!

78 SABÍAS QUE...

En los paseos espaciales, los astronautas se protegen de los rayos cósmicos con un traje especial: ¡tan grueso como la piel de un elefante! El diseño de estas prendas es de varias capas formadas por tejido ignífugo, hojas de metal plegadas y tejido de plástico y de fibra.

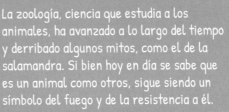

79

SABÍAS QUE... ?!

La zoología, ciencia que estudia a los animales, ha avanzado a lo largo del tiempo y derribado algunos mitos, como el de la salamandra. Si bien hoy en día se sabe que es un animal como otros, sigue siendo un símbolo del fuego y de la resistencia a él.

80 ¿QUÉ ANIMAL VIVE DENTRO DEL FUEGO?

El fuego siempre ha sido un misterio para los seres humanos: antiguamente se creía que las salamandras vivían... ¡dentro del fuego! Sin embargo, hoy se sabe que, en realidad, estos pequeños anfibios encontraban su refugio en los huecos de los troncos de los árboles. Cuando alguien decidía hacer una fogata y arrojaba los troncos al fuego, ellas escapaban muy rápidamente: ¡salían de entre las llamas!

81

¿CUÁNTOS HUESOS TENGO?

Los bebés tienen unos 350 huesos, pero los adultos poco más de 200 (porque los huesos pequeños se unen para formar otros más grandes cuando las personas crecen). Un dato muy curioso es que, de la cantidad total de huesos de nuestro esqueleto, 106 es el número total de huesos que tenemos en manos y pies: ¡más de la mitad de los de todo el cuerpo!

82 SABÍAS QUE...

Los huesos que forman el cráneo protegen el cerebro (¡son 28 en total!) y la columna, las costillas y el esternón sostienen y protegen nuestros órganos. Pero también los hay muy pequeños, ¡que nos dan mucha movilidad! Entre ellos, están los pequeños huesecillos de las muñecas, tobillos y pies.

83 SABÍAS QUE... ?!

Los ligamentos de las articulaciones son fibras flexibles que unen un hueso con otro como... ¡elásticos! Algunas articulaciones tienen, además, cartílago, un tejido muy blando, que acolchona la articulación para evitar el desgaste de los huesos al rozarse continuamente entre sí.

84 ¿CÓMO ME MUEVO?

Los músculos mueven el cuerpo «tirando» de los huesos. Para mover un hueso, un músculo se contrae y tira de él. Después, otro se contrae y el hueso vuelve a su lugar. Las articulaciones son conexiones que hacen que nuestro esqueleto pueda moverse y no sea una tabla rígida. ¡Las del hombro o la cadera hacen posible dar un gran giro, mientras que las del codo o la rodilla solo pueden doblarse en una dirección!

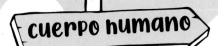

85 ¿POR QUÉ ME MAREO CUANDO DOY VUELTAS?

En el oído, tienes tres pequeños «tubos» curvos con líquido dentro. Este se sacude cuando giras. Unos nervios especiales lo perciben y le comunican a tu cerebro que estás girando. Si te detienes de pronto, el líquido se sigue sacudiendo un rato. Tu cerebro recibe un mensaje errado y tú... ¡te mareas!

86 SABÍAS QUE... ?!

El hueso más pequeño del cuerpo humano se encuentra en el oído. Se llama *estribo* y tiene cerca de 2 milímetros de largo.

87 ¿POR QUÉ LAS OREJAS TIENEN FORMA TAN RARA?

La forma de tus orejas las ayuda a captar el sonido y a localizar el lugar de donde este proviene. El sonido ingresa por el oído a la parte oculta dentro de tu cabeza, llamada *oído interno*. Se han realizado experimentos con moldes finos de silicona para modificar la forma de las orejas: los científicos pudieron comprobar que esto confundía a los participantes, ¡creían que los sonidos provenían de lugares en los que no estaban!

¡HOLA!

88 SABÍAS QUE...

Los oídos tienen una membrana, similar al parche de un tambor. Se llama *tímpano* y es una delgada «tela» de piel que vibra cuando lo alcanza el sonido. ¡También hay un instrumento musical con este nombre!

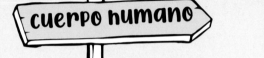
89 ¿CÓMO SABES QUÉ OCURRE A TU ALREDEDOR?

Tienes cinco sentidos: vista, oído, olfato, gusto y tacto. Con la información de tus órganos sensoriales —ojos, oídos, nariz, lengua y piel— el cerebro capta el mundo que te rodea. ¿Has notado que la piel es el órgano más grande del cuerpo humano? En un adulto posee una superficie aproximada de... ¡2 metros cuadrados y pesa alrededor de 5 kg!

90 SABÍAS QUE...

El olfato de un perro puede ser un millón de veces más sensible que el del ser humano. También tiene muy buen oído y, junto con este sentido del olfato tan desarrollado, lo hace un excelente cazador o rastreador: ¡puede detectar objetos ocultos a la vista! Además, el perro tiene una gran capacidad de socialización porque puede reconocer olores familiares con mucha facilidad.

91 SABÍAS QUE... ?!

Los humanos pestañean cada 5 segundos en promedio. Cada pestañeo dura, aproximadamente, 0,3 segundos. Esto significa que todos los días pasas más de 30 minutos con los ojos cerrados.

92

¿POR QUÉ LOS ANTEOJOS ME AYUDAN A VER MEJOR?

Si eres miope, los objetos lejanos son poco claros. Si eres hipermétrope, los objetos lejanos parecen borrosos. Las personas son hipermétropes porque las lentes de sus ojos no tienen la forma adecuada. Por eso, usan gafas o lentes de contacto para... ¡ver mejor!

93 SABÍAS QUE...

Los nervios son fibras que conducen impulsos entre el sistema nervioso central y otras partes del cuerpo. No tienes nervios en el cabello ni en las uñas, por eso... ¡no te duelen al cortarlos!

94

¿POR QUÉ TIRITO CUANDO TENGO FRÍO?

Cuando tienes frío, tus músculos se contraen (se endurecen) para calentarte. Y los dientes castañean cuando los músculos de tu mandíbula se mueven.

95 SABÍAS QUE...

A algunos gérmenes les gusta la suciedad. Si te bañas y te cepillas los dientes, puedes mantenerlos alejados. La mejor forma de hacerlo es apartarse de las cosas que los pueden propagar, por eso es tan importante lavarse bien las manos.

96 ¿POR QUÉ ME ENFERMO?

Pequeños gérmenes o bacterias entran en nuestro cuerpo y nos enferman. Tenemos la temperatura perfecta para que esos microorganismos (organismos muy diminutos, ¡solo se ven con microscopio!) crezcan y se multipliquen. Para ayudarte a mejorar, tu sistema inmunológico produce anticuerpos que combaten los gérmenes y otros microorganismos. Comer sano y estar activo reduce el riesgo de enfermedades, pero también es importante tener al día el calendario de vacunación.

97 ¿QUÉ HACE TU CORAZÓN?

El corazón es un músculo que mantiene la sangre en movimiento. Si posas tu mano sobre tu pecho, cerca del corazón, puedes sentirlo latir. A cada latido bombea sangre por todo tu cuerpo. El corazón tiene dos «bombas»: la derecha envía sangre a los pulmones y la izquierda bombea sangre por el cuerpo.

98 SABÍAS QUE...

Nuestro corazón es una red de vasos (conductos por donde circula la sangre) de ¡97 000 kilómetros de largo! Este órgano funciona constantemente: late 100 000 veces al día, es decir, unos 40 millones de veces al año. ¡Un total de 3000 millones de latidos durante toda una vida!

99 SABÍAS QUE...

?!

Una gota de sangre tarda entre 20 y 60 segundos en recorrer el cuerpo y llegar al corazón. Cuando corremos, la sangre circula más rápidamente por nuestros vasos sanguíneos (venas y arterias) y puede llegar a recorrer nuestro cuerpo unas cinco veces en un minuto. ¡Puede viajar realmente muy rápido!

100 ¿QUÉ FUNCIÓN TIENE LA SANGRE?

Los glóbulos rojos de la sangre le dan su color y transportan oxígeno a donde haga falta. Los glóbulos blancos se encuentran en menor cantidad, pero son importantes porque ayudan a tu cuerpo a combatir los gérmenes. La sangre está compuesta principalmente por un fluido llamado *plasma*. El resto son los glóbulos rojos y blancos y las plaquetas.

CUESTIONARIO

¡Hola! ¡Qué viaje genial! Esperamos que te hayas divertido mucho con estas 101 PREGUNTAS Y CURIOSIDADES SOBRE CIENCIA. ¡Es momento de jugar y ver cuánto has aprendido!

Elige la respuesta correcta ✔

A. ¿CUÁNTOS AÑOS VIVE UN ÁRBOL?

☐ ENTRE 10 Y 20 AÑOS

☐ ENTRE 100 Y 200 AÑOS

☐ MÁS DE 1000 AÑOS

B. ¿CÓMO SE MIDEN LOS TERREMOTOS?

☐ CON UN SISMÓGRAFO

☐ CON RAYOS LÁSER

☐ REGISTRANDO LA VELOCIDAD DEL VIENTO

C. ¿QUÉ SON LAS ESTALACTITAS Y ESTALAGMITAS?

☐ ESPECTACULARES ESTRUCTURAS EN LA MONTAÑA

☐ ESPECTACULARES ESTRUCTURAS EN EL DESIERTO

☐ ESPECTACULARES ESTRUCTURAS EN LAS CUEVAS

D. ¿POR QUÉ LAS MONTAÑAS TIENEN NIEVE EN LA CIMA?

- [ ] PARA PROTEGER LA TIERRA
- [ ] POR LAS BAJAS TEMPERATURAS
- [ ] POR ACCIÓN DE LOS FUERTES VIENTOS

E. ¿POR QUÉ LOS BUZOS NECESITAN LUZ?

- [ ] PORQUE LA LUZ SOLAR PENETRA SOLO 200 METROS
- [ ] PORQUE DEBAJO DEL AGUA NO HAY BUENA VISIÓN
- [ ] PARA AHUYENTAR A LOS DEPREDADORES

F. ¿QUÉ ES UN ESPIRÁCULO?

- [ ] UN ANIMAL MARINO
- [ ] UN TIPO DE REMOLINO
- [ ] UNA GRIETA QUE HACE EL AGUA EN LAS CUEVAS

G. ¿QUÉ SON LAS NUBES?

- [ ] MILLONES DE COPOS DE NIEVE
- [ ] MILLONES DE PARTÍCULAS DE LUZ
- [ ] MILLONES DE GOTITAS DE AGUA Y CRISTALES DE HIELO

¿QUÉ ES EL TRUENO?

☐ CHISPAS DEL RAYO

☐ EL SONIDO DEL RAYO

☐ PEDACITOS DE HIELO

¿POR QUÉ TIENEN ARENA LOS DESIERTOS?

☐ PARA PRESERVAR EL AGUA DEBAJO

☐ POR LAS BAJAS TEMPERATURAS

☐ POR LA ACCIÓN DEL VIENTO SOBRE LAS ROCAS

¿QUÉ ES EL FUEGO?

☐ UNA REACCIÓN QUÍMICA

☐ UN DESPRENDIMIENTO DE ENERGÍA

☐ UN DESPRENDIMIENTO DE CALOR

¿QUIÉN INVENTÓ LAS CERILLAS?

☐ SAMUEL JONES

☐ JOHN WALKER

☐ NO SE CONOCE EL NOMBRE DEL INVENTOR

¿QUÉ ES EL «ANILLO DE FUEGO»?

 EL RASTRO QUE DEJA LA LAVA

☐ UN TIPO DE VOLCÁN

☐ UN CINTURÓN DE VOLCANES

¿CUÁNTOS HUESOS TENGO?

☐ 28

☐ 106

☐ 350 EN BEBÉS Y POCO MÁS DE 200 EN ADULTOS

¿POR QUÉ LAS OREJAS TIENEN FORMA TAN RARA?

 PARA CAPTAR EL SONIDO

☐ PARA DISMINUIR EL SONIDO

 PARA PROTEGER EL OÍDO INTERNO

¿CÓMO SABES QUÉ OCURRE A TU ALREDEDOR?

☐ UTILIZANDO EL SENTIDO DE LA VISTA

 UTILIZANDO EL SENTIDO DEL OLFATO

 POR MEDIO DE LA INFORMACIÓN DE LOS ÓRGANOS SENSORIALES

RESPUESTAS

Aquí encontrarás las respuestas correctas
a cada pregunta del CUESTIONARIO.

Compara tus respuestas con las siguientes:

A. **¿CUÁNTOS AÑOS VIVE UN ÁRBOL?**

- [ ] ENTRE 10 Y 20 AÑOS
- [x] ENTRE 100 Y 200 AÑOS
- [ ] MÁS DE 1000 AÑOS

B. **¿CÓMO SE MIDEN LOS TERREMOTOS?**

- [x] CON UN SISMÓGRAFO
- [ ] CON RAYOS LÁSER
- [ ] REGISTRANDO LA VELOCIDAD DEL VIENTO

C. **¿QUÉ SON LAS ESTALACTITAS Y ESTALAGMITAS?**

- [ ] ESPECTACULARES ESTRUCTURAS EN LA MONTAÑA
- [ ] ESPECTACULARES ESTRUCTURAS EN EL DESIERTO
- [x] ESPECTACULARES ESTRUCTURAS EN LAS CUEVAS

D. **¿POR QUÉ LAS MONTAÑAS TIENEN NIEVE EN LA CIMA?**

- [ ] PARA PROTEGER LA TIERRA
- [x] POR LAS BAJAS TEMPERATURAS
- [ ] POR ACCIÓN DE LOS FUERTES VIENTOS

E. **¿POR QUÉ LOS BUZOS NECESITAN LUZ?**

- [x] PORQUE LA LUZ SOLAR PENETRA SOLO 200 METROS
- [ ] PORQUE DEBAJO DEL AGUA NO HAY BUENA VISIÓN
- [ ] PARA AHUYENTAR A LOS DEPREDADORES

F. **¿QUÉ ES UN ESPIRÁCULO?**

- [ ] UN ANIMAL MARINO
- [ ] UN TIPO DE REMOLINO
- [x] UNA GRIETA QUE HACE EL AGUA EN LAS CUEVAS

G. **¿QUÉ SON LAS NUBES?**

- [ ] MILLONES DE COPOS DE NIEVE
- [ ] MILLONES DE PARTÍCULAS DE LUZ
- [x] MILLONES DE GOTITAS DE AGUA Y CRISTALES DE HIELO

H. ¿QUÉ ES EL TRUENO?

- [ ] CHISPAS DEL RAYO
- [x] EL SONIDO DEL RAYO
- [ ] PEDACITOS DE HIELO

I. ¿POR QUÉ TIENEN ARENA LOS DESIERTOS?

- [ ] PARA PRESERVAR EL AGUA DEBAJO
- [ ] POR LAS BAJAS TEMPERATURAS
- [x] POR LA ACCIÓN DEL VIENTO SOBRE LAS ROCAS

J. ¿QUÉ ES EL FUEGO?

- [x] UNA REACCIÓN QUÍMICA
- [ ] UN DESPRENDIMIENTO DE ENERGÍA
- [ ] UN DESPRENDIMIENTO DE CALOR

K. ¿QUIÉN INVENTÓ LAS CERILLAS?

- [ ] SAMUEL JONES
- [x] JOHN WALKER
- [ ] NO SE CONOCE EL NOMBRE DEL INVENTOR

L. ¿QUÉ ES EL «ANILLO DE FUEGO»?

- [ ] EL RASTRO QUE DEJA LA LAVA
- [ ] UN TIPO DE VOLCÁN
- [x] UN CINTURÓN DE VOLCANES

M. ¿CUÁNTOS HUESOS TENGO?

- [ ] 28
- [ ] 106
- [x] 350 EN BEBÉS Y POCO MÁS DE 200 EN ADULTOS

N. ¿POR QUÉ LAS OREJAS TIENEN FORMA TAN RARA?

- [x] PARA CAPTAR EL SONIDO
- [ ] PARA DISMINUIR EL SONIDO
- [ ] PARA PROTEGER EL OÍDO INTERNO

Ñ. ¿CÓMO SABES QUÉ OCURRE A TU ALREDEDOR?

- [ ] UTILIZANDO EL SENTIDO DE LA VISTA
- [ ] UTILIZANDO EL SENTIDO DEL OLFATO
- [x] POR MEDIO DE LA INFORMACIÓN DE LOS ÓRGANOS SENSORIALES

¿CÓMO TE HA IDO? ¡SEGURO QUE MUY BIEN!

¡YA PUEDES COMPLETAR TU DIPLOMA!

ANOTA AQUÍ LOS DATOS MÁS CURIOSOS

¡O! SABÍAS QUE... ?!

RÉCORD MUNDIAL

En Turquía, ¡vive el hombre con la nariz más larga del mundo! Su nombre es Mehmet Özyürek y su nariz tiene una longitud de 8,8 centímetros. ¿Puedes creerlo? En una entrevista, Mehmet dijo que se sentía muy orgulloso de su nariz porque nunca pasa desapercibido y le encanta ser el centro de atención.

¡Una nariz con una gran personalidad!

✦ DIPLOMA ✦

EXPERTO EN CURIOSIDADES SOBRE

CIENCIA

¡FELICITACIONES! Has explorado el conocimiento científico, con información sobre los cuatro elementos y sobre el cuerpo humano. ¡Eres un experto!

_____
(TU NOMBRE)

FIRMA _____

FECHA _____

el gato de hojalata